CAUSES CÉLÈBRES.

AFFAIRE

PIERRE BONAPARTE

OU LE

CRIME D'AUTEUIL

PARIS

CHEZ TOUS LES LIBRAIRES

1870.

AFFAIRE

Pierre BONAPARTE

Accusation de meurtre sur la personne de Victor Noir, et de tentative de meurtre sur la personne de M. Ulric de Fonvielle.

Le 10 janvier dernier, vers une heure et demie de l'après midi, MM. Yvan Salmon, surnommé Victor Noir, et Ulric de Fonvielle, rédacteurs de la *Marseillaise*, se rendirent à Auteuil, à la résidence du prince Pierre Bonaparte. Ils avaient mission de remettre au prince, de la part de M. Paschal Grousset, un cartel motivé par une lettre du prince insérée le 30 décembre précédent, dans le journal l'*Avenir de la Corse*. M. P. Grousset se prétendait insulté par cette lettre, quoique son nom n'y ait pas été prononcé et réclamait une réparation par les armes. M. Grousset avait accompagné ses deux seconds à Auteuil.

De son coté le prince Pierre avait la veille, le 9 janvier, envoyé une provocation à M. Rochefort, rédacteur de la *Marseillaise*, à la suite d'un article signé « Lavigne » et dans lequel il se trouvait insulté.

Pendant que M. P. Grousset attendait dans la rue avec une autre personne qu'ils avaient rencontrée en route et prise avec eux, MM. Noir et de Fonvielle furent introduits en présence du prince. Quelques instants après, M. Victor Noir sortit de la maison en chancelant et s'affaissa sur le seuil. Peu après M. de Fonvielle se précipitait dehors à son tour, nu-tête, brandissant de sa main droite un revolver à six coups et criant: « A l'assassin ! »

M. Noir, immédiatement transporté chez un pharmacien du voisinage, ne tardait pas d'y rendre le dernier soupir sans avoir pu articuler une seule parole. Il avait reçu une balle dans la région du cœur, blessure qui occasionna une hémoragie amenant une mort presque foudroyante.

Le pardessus de M. de Fonvielle portait aussi les traces d'un coup de feu.

Quel drame s'était passé dans le domicile du prince? Quelles étaient les circonstances de la scène qui venait d'avoir un si douloureux dénouement?

Deux versions sont en présence, celle de M. de Fonvielle et celle du prince.

Voici la première version fournie par M. de Fonvielle au cours de l'instruction.

«Conjointement avec Victor Noir, j'avais été chargé par notre ami commun, M. Pascal Grousset, journaliste, de faire savoir au prince Pierre Bonaparte que nous étions chargés de lui réclamer une réparation par les armes: M. Grousset prétendant avoir été grossièrement insulté par le prince

«Nous nous réunimes le matin même, Noir, Grousset et moi, dans les bureaux de la *Marseillaise.* Noir avait retenu une voiture, dont je ne me rappelle point le numéro. Vers une heure, nous quittâmes les bureaux de la *Marseillaise* et nous nous dirigeâmes directement vers Auteuil. Je ne me souviens pas au juste quel chemin nous prîmes, mais il me semble que nous longeâmes la Seine en passant devant le Trocadéro.

«Un peu avant notre arrivée à Auteuil, à un endroit que je ne puis spécifier, Noir appela Sauton, qui monta en voiture avec nous.

«Nous descendimes tous quatre en arrivant devant la maison du prince, tout en gardant la voiture. Grousset et Sauton restèrent dehors à se promener devant la maison, et Noir et moi entrâmes. Nous parlâmes à deux domestiques pour leur demander si le prince était chez lui; on nous répondit affirmativement et on nous demanda nos noms. Nous donnâmes nos cartes. Quelques instants après, on nous fit entrer dans une place du premier étage que je crois être un vaste salon. Nous nous assîmes. Un peu après, le prince sortit d'une pièce adjacente; il portait une jaquette du matin et un large pantalon.

» — Monsieur, dis-je, mon ami Victor Noir et moi venons ici de la part de M. Paschal Grousset, remplir une mission que vous expliquera cette lettre.

« En même temps, je lui tendis cette lettre que vous me montrez et que je suis prêt à signer *ne varietur.*

« Le prince prit la lettre et me répondit :

« — Vous ne venez donc pas de la part de M. Rochefort, alors? Vous n'êtes donc pas de ses manœuvres ?

« — Ayez la bonté, monsieur, de lire la lettre et vous verrez qu'il n'est pas question de M. Rochefort.

« Le prince prit la lettre, s'approcha d'une fenêtre, la lut, la plia en deux, et, la jetant sur une chaise, s'avança vers nous.

— J'ai provoqué M. Rochefort, dit-il, parce que M. Rochefort est le porte drapeau de la crapule; quand à M. Grousset, je n'ai pas de réponse à lui faire. Etes-vous solidaires de ces misérables?

« — Monsieur, répondis-je, nous sommes venus à vous avec courtoisie, loyalement, honnêtement, pour avoir une réponse de vous.

« Il me répondit : Etes-vous solidaires de ces gens-là ?

Victor Noir répondit : Nous sommes solidaires de nos amis.

« Le prince donna un soufflet à Victor Noir, fit un ou deux pas en arrière, sortit brusquement un revolver de la poche de son pantalon, où il avait mis sa main, et tira sur Victor Noir. Ce dernier porta les deux mains sur sa poitrine et sortit par la porte qui nous avait servi à entrer,

« Immédiatement le prince tourna son pistolet contre moi, et tira un second coup, pendant que j'essayais d'atteindre mon revolver qui était dans son étui dans la poche de mon pardessus.

« Le prince se plaça devant la porte en me visant et une troisième fois déchargea son arme. Je sortis en criant : A l'assassin ! Je traversais plusieurs pièces et descendis le même escalier par lequel nous étions montés et je trouvai Noir, mourant, dans la rue sur le seuil de la porte. »

La version du prince Pierre diffère matériellement de celle de M. de Fonvielle.

Voici ses déclarations :

« J'avais écrit à M. Rochefort une lettre qui a été publiée dans les journaux du soir. Je lui proposait de me battre en duel avec lui. Aujourd'hui, vers deux heures et demie, j'étais dans ma chambre, en jaquette et pantalon de maison. Je sortais du lit, après la visite de mon médecin qui me soignait depuis plusieurs jours pour une forte indisposition.

« Un de mes domestiques vint me prévenir que deux messieurs me demandaient ; il me remit leurs cartes. Pensant que ces personnages venaient de la part de M. Rochefort, je donnai ordre de les faire entrer, sans même regarder les noms inscrits sur les cartes.

« Je les fis, au plus attendre une minute. En entrant dans le salon, je me trouvai en présence de deux individus qui avaient leurs mains dans leurs poches et l'attitude provocatrice. Il me semble qu'ils avaient déposé leurs chapeaux sur les meubles. Je ne connaissais pas ces individus, et ne les avais jamais vus auparavant. Ils me dirent presque ensemble : — « On nous a chargé de cette lettre, » — et l'un d'eux le plus petit, je crois, me tendit la lettre que vous me montrez en ce moment et qui est signée : « Paschal Grousset. »

« Je jetai sur la lettre un coup d'œil superficiel. Après avoir vu la signature, je dis: Avec Rochefort, très volontiers, avec un de ses manœuvres, non! Le plus grand s'adressant à moi d'un ton de commandement, dit : Lisez cette lettre, alors ! »

« — Je réponds : elle est toute lue ; en êtes vous responsables? A ces mots, le plus grand, Victor Noir, me frappa de son poing sur la joue gauche. Je vis le plus petit s'armer d'un pistolet qu'il sortit de sa poche; il essayait de l'armer, dans sa main gauche qui tenait aussi l'étui. Je tirai un coup sur le plus grand. J'étais à deux ou trois mètres de lui. Il se rétourna immédiatement et quitta le salon par la porte de la place d'armes, par où déjà il était entré.

« Tout cela ne dura qu'une seconde. Le plus petit s'était caché derrière un fauteuil, d'où il essayait de me tirer dessus. Je lui envoyai une balle qui ne l'atteignit pas. Il quita alors son abri, et, à moitié courbé, essaya de gagner la seconde porte du salon qui ouvre dans la chambre de billard. En chemin, il passa près de moi, mais comme son attitude n'avait plus rien de menaçant, je ne tirais pas. Je l'aurais tué presqu'à bout portant. Je le suivis à quelque distance. Quand il fut dans la chambre du billard, à la porte en face de la salle à manger, il se retourna et me visa avec son pistolet. Je lui tirais alors un autre coup qui ne l'atteignit pas, et ce second individu disparut à son tour. »

Telle est la version donnée par l'accusé. Elle est en opposition formelle avec celle de M. Fonvielle sur la question importante à éclaircir: par qui, dans la scène du 10 janvier, a été commis le premier acte de violence.

L'instruction a élucidé les renseignements suivants.

Plusieurs personnes ont remarqué sur le visage de l'accusé la trace indéniable d'un coup.

Le docteur Morel, qui a vu le prince vers deux heures et demie, déclare qu'il avait une marque très rouge sur la joue gauche avec une apparence de contusion et ecchymose. La même observation a été faite par le docteur Pinel et plusieurs autres témoins.

D'un autre coté, quelques propos recueills comme tombés de la bouche de M. Fonvielle tendent à montrer que M. Victor Noir a réellement frappé le prince au visage.

Un autre témoin, M. Viuviollet, architecte, qui a été témoin oculaire de la mort de Victor Noir et qui a entendu M. Fonvielle décrire la scène, affirme que ce dernier a déclaré qu'après un échange de mots avec le prince, Victor Noir s'était avancé et lui aurait frappé au visage.

Le même jour, M. Viuviollet relata le fait à plusieurs personnes qui ont en effet confirmé la déclaration.

M. Mourgoing, architecte, a entendu des lèvres de M. de Fonvielle une phrase qui, quoique pas aussi précise, est cependant très significative : — M. Victor Noir a donné, ou était sur le point de donner un soufflet au prince. Ce témoin affirme que M. de Fonvielle s'est servi de l'une ou de l'autre de ces expressions.

En dernier lieu, au poste de police, où il avait été conduit pour faire sa déclaration, M. de Fonvielle, racontant les circonstances de sa visite chez le prince, aux agents présents, ainsi que les paroles échangées ; ajouta : « que son ami se sentant insulté... s'avança et... *vous comprenez !*...

Les agents expliquent que M. de Fonvielle, en prononçant ces paroles, éleva sa main dans l'attitude d'un homme sur le point de frapper ; ils déclarent que, quoique M. de Fonvielle n'ait pas dit que Noir avait frappé le prince, il avait en tous cas fait un geste indiquant que ce dernier devait avoir donné un coup.

Ces différentes dépositions sont réfutées par d'autres établissant que M. de Fonvielle immédiatement après le drame d'Auteuil, a fait une narration en tous points semblable à sa déclaration devant le magistrat instructeur. Nous devons spécialement citer M. Grousset, M. Mortreux, le pharmacien, dans l'officine duquel la victime a été transportée, et le docteur Zemmezeuil qui a assisté à la mort de Victor Noir. Tous les trois ont entendu M. de Fonvielle raconter que l'accusé avait frappé M. Victor Noir au visage avant de le tuer.

Quoiqu'il en soit, et même devrait-on croire la version de l'accusé, il est néanmoins établi qu'il a volontairement causé la mort de Victor Noir ; la justice ne peut admettre qu'un crime soit justifié par un acte de violence que la victime elle-même se serait laissé entraîner à commettre :

Il est également certain que l'accusé a tiré deux fois sur M. de Fonvielle.

En conséquence, le prince Pierre Bonaparte est accusé : 1º d'avoir le 10 janvier à Paris-Auteuil, commis le crime d'homicide volontaire sur la personne de Yvan Salmon, dit Victor Noir : 2º d'avoir le même jour dans le même lieu commis sur la personne d'Ulric de Fonvielle, une tentative d'homicide, laquelle tentative, manifestée par un commencement d'exécution, n'a manqué son effet que par des circonstance indépendantes de la volonté de son auteur avec cette circonstance que ce crime a été précédé de celui ci-dessus spécifié, crimes prévus et punis par les articles 2, 275, 304 du code pénal.

INTERROGATOIRE DE L'ACCUSÉ.

M. le président. — Vous n'êtes venu en France qu'en 1848? — R. J'y étais venu auparavant avec la permission du gouvernement de Juillet.

D. Enfin, c'est à cette époque seulement que vous vous êtes établi en France et vous avez été nommé membre de l'assemblée constituante. Il y a, dans les années qui précédent cette époque des faits qui ont été rappelés par les journaux: mais ils ont été puisés à des sources fort incertaines et sont par cela même fort difficiles à vérifier. D'ailleurs, ils sont complètement étrangers à l'accusation. Nous les laisserons à l'écart, Du reste, si ces récits se reproduisent, vous vous expliquerez et vous direz tout ce qui vous semblera utile à votre défense.

Pour le moment, nous ne rappellerons qu'un seul fait qui s'est passe en France, en 1849. Vous étiez membre de l'assemblée nationale, et vous avez porté un coup au visage d'un de vos collègues, en pleine assemblée. Avez vous quelques explications à donner? — R. J'ai donné toutes les explications possibles alors; tout ce que je puis dire, c'est qué je n'ai fait que répondre à des outrages, et pour cela j'en appelle au souvenir de M. le garde des sceaux de ce temps, M. Odillon Barrot, avec qui j'étais en fort bonnes relations à cette époque.

M. le président donne lecture du jugement qui a condamné, en 1849, à 200 fr. d'amende et qui vise dans ses attendus les causes d'atténuation résultant d'outrages adressés à la famille du prévenu.

D. Enfin, c'était là un acte très regrettable, surtout au sein d'une Assemblée nationale et vous auriez dû résister à ce mouvement qui vous a emporté?—R. J'ai alors, à la tribune de l'Assemblée nationale, protesté contre la pensée d'outrager la représentation nationale.

D. En 1851, vous êtes rentré dans la vie privée, et depuis vous avez résidé tantôt en Corse, tantôt à Auteuil ! — R. Oui, à la suite de la mesure qui a dissous l'Assemblée nationale.

D. Quels étaient vos rapports avec le journal *l'Avenir de la Corse*, avec son directeur, M Della Rocca ? — R. Mes rapports avec M. Della Rocca etaient excellents, comme ceux que l'on peut avoir avec un homme pour qui l'on a une bonne estime.

D. Vous avez écrit a M. Della Rocca une lettre dont la première partie est complètement offensive; mais dans la dernière partie il y a des phrases véritablement regrettables telles que celle-ci :

« Je pourrais muitiplier les frais propres à faire battre le cœur de tous les enfants de la vieille Cirnos, ce *nido d'allori*, *nid* de lauriers, comme on l'a dit justement; mais pour quelques malheureux *furdani* de Bastia, à qui les *nio ini* du marche devraient se charger d'appliquer une leçon touchante, pour quelques lâches judas, traitres à leur pays, etc. »

Ce journal était dans un état de polémique violente avec la *Revanche*, et votre article a eu des conséquences déplorables. Vous même, avec le nom que vous portez, devez regretter de vous être laissé entrainer à une polemique aussi ardente, à des sentiments aussi violents Voyez : *la Revanche* a répondu par un article aussi violent que le votre, il faut bien le dire. De la sont venues les attaques dont vous avez eu a vous plaindre dans *la Marseillaise*, et qui ont amené une provocation de votre part adressée à M. Rochefort? — J'ai voulu me défendre contre les insulteurs. Je n'ai pu me décider à admettre qu'en Corse, ou le culte de Napoléon est universel, on pût se laisser emporter à ces attaques qui partent, du reste, d'une infime minorité.

D. Vous auriez pu peut-être vous abstenir, je le ré-

pète, et votre emportement a amené cette malheureuse scène du 10 janvier. Veuillez nous dire ce qui s'est passé quand ces messieurs se sont présentés chez vous?
— R. Vers deux heures de l'après midi, j'étais dans mon salon lorsqu'une servante m'apporta les cartes de deux personnes qui demandaient à me parler. Comme la veille j'avais envoyé une provocation à M. Rochefort j'ai naturellement supposé que l'on venait de sa part, et j'ai dit: Laissez monter! Je passais dans ma chambre pour mettre une redingote, lorsque je vis dans la pièce deux personnes que j'ai su depuis être MM. Victor Noir et de Fonvielle. Ils avaient les mains dans leurs poches et affectaient un air menaçant : ils me présentèrent une feuille de papier en me disant ensemble: Lisez! Je lus cette lettre qui était de M. Grousset et je répondis: Vous ne venez donc pas de la part de M. Rochefort? Me battre avec M. Rochefort, volontiers! mais avec un de ses manœuvres, non !

Alors le plus grand me dit avec impatience: « Mais lisez donc la lettre!» Je répondis: « Elle est toute lue: en êtes vous solidaires?» C'est alors qu'il me frappa au visage, tandis que le plus petit sortit de sa poche un revolver dont il me menaça

Au même moment, je tirai sur celui qui m'avait frappé ; l'autre alla se cacher derrière un fauteuil d'ou il dirigeaitencore son arme vers moi ; mais je marchai sur lui et je lui tirai un second coup de mon revolver. Il traversa la pièce en se courbant, pour gagner la porte du billard. J'aurais pu, alors qu'il passait devant moi le tuer légitimement, car il brandissait toujours son arme. Quand il fut arrivé à la porte du billard et de la salle à manger, il m'ajusta encore et je tirai sur lui un troisième coup. Je demande à tous les hommes de cœur qui sont ici, comment, en pareille circonstance, j'aurais pu agir autrement?

D. Voila comme les faits se sont passés; nous allons les reprendre. Votre déclaration n'est pas d'accord avec certaines dépositions ; vous êtes sorti de votre chambre à coucher et vous êtes entré dans votre salon où vous attendaient deux personnes? — R. Oui, monsieur.

D. Pourquoi avez vous pris votre révolver? — R. Je l'avais sur moi.

D. Mais, est-ce que vous n'auriez pu le quitter, puisque vous croyez que c'étaient les témoins de M. Rochefort qui vous attendaient dans le salon, c'était une raison pour ne pas être armé ; vous aimez les armes, c'est vrai, vous vous exercez dans votre jardin. Je vous demande pourquoi, au moment où l'on vous a annoncé des personnes que vous croyez les témoins de Rochefort, vous n'avez pas quitté le revolver que vous aviez sur vous? — R. Je n'ai pas pensé à le quitter.

D. Cependant il y a là quelque chose d'assez grave, ainsi non-seulement vous aviez un revolver dans votre poche, mais même vous aviez la main sur ce pistolet.

D. Ainsi ce pistolet n'était pas seulement oublié dans votre poche? — R. Ma main était dans ma poche, sans contredit, et le revolver y était aussi certainement.

D. Ainsi vous n'auriez attaché aucune importance à cette circonstance? Voilà votre réponse sur ce point: « Vous êtes arrivés dans le salon, où vous avez trouvé les deux personnes qui vous attendaient.

D. Que leur avez vous dit? — R. Je me bats avec M. Rochefort, oui, mais pas avec un de ses manœuvres.

D. M. de Fonvielle dit que vous vous seriez servi d'une autre expression dont il a été parlé dans l'acte d'accusation. — R. Il ne dit pas vrai. Je ne me suis pas servi de cette expression qui n'est pas mon langage habituel d'ailleurs.

D. Alors vous vous êtes approché, et c'est à ce moment que Noir se serait approché aussi et vous aurait frappé au visage? — R. Oui, quand j'ai dit : « En êtes vsus solidaires?» Alors il m'a frappé, et Fonvielle m'a menacé, il est certain que son pistolet est sorti de sa poche avant que le mien ne soit sorti de la mienne.

D. Cependant, il y a une observation à laire. Avez-vous vu Fonvielle tirer son pistolet de sa poche ?— R. Quand je l'ai vu, il l'avait à la main.

D. Mais il y avait un étui à ce pistolet ?— R. L'étui n'est pas un obstacle ; d'ailleurs, il appuyait le pistolet contre l'étui, qui était dans sa main gauche.

D. Vous n'avez pas vu le mouvement quand il l'a tiré de sa poche ?—R. Non, monsieur.

D. Quand vous avez eu tiré sur Victor Noir, ne vous êtes-vous pas aperçu qu'il était blessé ?—R. Non, je ne me suis pas occupé de Salmon; je me suis occupé de Fonvielle, qui me menaçait.

D. Cependant vous veniez de tirer à trois ou quatre pas sur un homme, vous deviez penser avec l'habitude des armes que vous l'aviez, peut-être blessé. Noir était un homme très jeune, très fort, s'il n'avait pas été touché par vous, il se serait jeté sur vous, vous deviez le penser. Eh bien, il reste immobile, comment cela ne vous a-t-il pas fait pressentir que Noir était blessé ?— R. Il est sorti.

D. Il est sorti silencieux, sans dire un mot, sans vous adresser le moindre reproche ; enfin, vous ne vous êtes pas aperçu qu'il était blessé ?— R. Je m'occupais de Fonvielle seulement.

D. Si vous l'aviez blessé, il est probable que votre colère se fût apaisée, car il n'y a rien qui calme la colère d'un homme comme de voir son adversaire blessé. Vous ne l'avez pas vu ; il y a là, il faut le reconnaître, une scène qui s'est passée avec une grande rapidité, et vous n'avez pas remarqué la sortie de Noir ? — Fonvielle cherchait à armer son pistolet.

D. Il ne pouvait pas y arriver ?— **R.** Il avait oublié de retirer la baguette, mais ce n'est pas faute de faire des_efforts pour la retirer.

D. Est-il vrai qu'à ce moment vous ayez tiré sur lui de la place où vous étiez ? Lui, Fonvielle, prétend que vous avez traversé le salon, que vous vous êtes placé devant la porte d'entrée pour lui barrer le passage et l'empêcher de sortir ?— **R.** Mais il n'y a pas même de clef à cette porte.

D. Cela ne fait rien. Il n'y a pas besoin de clef. Il prétend que vous vous êtes placé devant cette porte pour lui barrer le passage, et c'est ce qui expliquerait sa sortie par une autre porte, par la porte du billard.— **R.** Il était derrière le fauteuil, il cherchait toujours à tirer.

D. M. Fonvielle s'est dirigé dans la salle à manger ? **R.** De billard.

D. Oui, du billard. Pourquoi l'avez-vous suivi dans le billard ?— **R.** J'étais sur la porte.

D. Enfin, vous l'avez suivi ; il était très ému, il cherchait à armer son révolver ; il s'était caché derrière un fauteuil, il a cherché à gagner la salle de billard ; il a été constaté que plusieurs fauteuils ont été renversés ; ce qui est certain, c'est que cet homme n'avait qu'une pensée, celle de quitter votre appartement. Vous avez tiré un troisième coup de pistolet; ce troisième coup de pistolet était bien inutile.— **R.** J'ai tiré sur lui, c'est quand il s'est retourné.

D. Mais vous l'avez pousuivi ?— **R.** Non. je ne l'ai pas poursuivi.

D. Mais si, puisqu'il fuyait; il laissait là son chapeau, sa canne, son étui de révolver ? — **R.** Il brandissait toujours son arme contre moi.

D. Eefin, il était dans la salle de billard quand vous avez tiré ce troisième coup ? — **R.** C'est qu'il s'est retourné et m'a ajusté. Je ne suis pas entré dans la salle de billard.

D. Mais vous étiez sur la porte de cette pièce ?— C'est Salmon qui avait la canne.

D. Enfin, Fonvielle a laissé son chapeau; il a laissé son étui ; il n'avait pas une attitude offensive ? — Parfaitement offensive ; vous verrez que ses déclarations sont contradictoires.

D. Ensuite, après le départ de Noir et de Fonvielle, qu'avez-vous fait ? Vous êtes rentré dans votre salon ? — R. Oui.

D. Ne vous êtes-vous pas enfermé ?— R. Je ne me rappelle pas.

D. Vous avez envoyé chercher un agent ?— R. Oui, pour qu'il prevint M. le commissaire de police. L'agent est venu, mais le commissaire de police n'est arrivé que longtemps après. Il en est venu un autre, même, d'un autre quartier.

D. Vous aviez même rédigé un écrit où vous raccontiez les faits.— R. Oui, c'était pour le commissaire de police.

D. Vous portiez à la joue une trace de coup. Où était-elle, cette trace ?

Le prince montre la joue gauche, près de l'oreille.

D. A quel moment avez-vous montré cette coutusion ? D'abord l'avez-vous montré à l'agent qui le premier est arrivé ?— R. Non.

D. L'avez-vous montré à M. le commissaire de police ?— R. Non, monsieur.

— Ainsi vous n'avez pas pensé de la montrer à M. le commissaire de police ?— R. Non, Monsieur.

D. Vous n'en avez pas parlé à l'agent?— R. Je ne l'ai montré qu'au docteur Morel. Ce n'est pas si beau de montrer la trace d'un soufflet, surtout d'une telle main.

(On apporte à ce moment sur la table des pièces à conviction; des vêtements, une canne, des pistolets).

D. Vous vous êtes constitué prisonnier? — R. C'était ce que je devais faire.

M. le président.— Asseyez-vous.

M. le procureur-général. — Monsieur le président jugerait-il convenable de faire distribuer à MM. les jurés les plans ?

M. le président. — Oui, monsieur le procureur-général.

Les audienciers distribuent ces plans à MM. les jurés, et M. le président donne les explications nécessaires à l'intelligence des dispositions et parcours suivis par l'accusé, par Victor Noir et Fonvielle.

Me Floquet.— M. le président voudra-t il demander à l'accusé comment il explique que le pistolet dont on avait tiré trois coups était complètement chargé quand on l'a saisi.

L'accusé.— D'abord, on ne l'a pas saisi, c'est moi-même qui l'ai donné au commissaire de police.

Me Flouquet. — On a eu tort de ne pas le saisir.

L'accusé. — Je l'avais rechargé en entendant le tumulte que faisait un rassemblement à ma porte.

Me Laurier. — L'accusé a-t-il changé de pantalon dans l'espace de temps qui sépare le moment où on lui a annoncé ces messieurs et le moment où il s'est présenté à eux.

L'accusé. — Je n'ai pas changé de pantalon.

Me Laurier. — N'avait-il pas un pantalon à pied ?

L'accusé. — Je n'ai jamais eu de pantalon à pied.

Me Laurier. — Cela est dans l'instruction ; l'accusé a dit lui-même qu'il avait quitté un pantalon à pied.

Me Flouquet. — Il y a deux versions : l'accusé à

dit d'abord qu'il était auprès de la princesse, qu'il était en pantalon à pied et dans une tenue peu convenable pour recevoir des étrangers et qu'il était passé dans sa chambre pour changer de pantalon ; dans la seconde version il a déclaré qu'il était dans sa chambre quand on lui a annoncé l'arrivée de ces deux messieurs.

L'accusé.— Je n'ai pas de pantalon à pied ; j'ai seulement ôté ma robe de chambre pour passer ma redingote.

L'audience est suspendue pendant une demie heure. Elle est reprise à deux heures quarante-cinq minutes.

M. le président. — Faites entrer l'accusé. Appelez le premier témoin.

M. Roidot, cinquante ans, commissaire de police de la ville de Paris.

M. le président.— C'est vous qui avez fait les premières constatations dans la maison d'Auteuil. Rappelez nous les détails.

Le témoin.— Le 10 janvier à l'heure où s'accomplissaient les événements, j'étais à la Préfecture de police. Je me rendis à Auteuil en toute hâte, et je trouvai le prince Bonaparte avec le docteur Morel ; je priai le prince de m'expliquer comment les faits s'étaient passés.

Voilà ce qu'il me dit ; J'étais dans ma chambre lorsqu'une servante me remit la carte de deux personnes ; je me rendis auprès d'elles ; ils me présentèrent ensemble une lettre, en me disant : lisez-là. Elle était signée Paschal Grousset et c'était une provocation. Je répondis : avec Rochefort, volontiers avec un de ses manœuvres, jamais. Victor Noir me dit alors : lisez donc la lettre ! Je lui répondis : elle est toute lue. Etes-vous solidaires de ces gens-là ? Il répondit : Nous sommes solidaires de nos amis et, en même temps, il me porta un coup à la figure. En même temps le plus petit tirait de sa poche un petit pistolet. Alors je tirai sur le plus grand. Le plus petit se blottit derrière un fauteuil, dirigeant son pistolet sur moi ; je marchai vers lui, je tirai, il ne fut pas atteint et s'enfuit par la salle de billard, il s'y arrêta et dirigea de nouveau son arme contre moi ; je tirai une seconde fois et je le manquai encore.

Le prince nous remit une canne à épée, un chapeau, un révolver et deux cartes de visite.

Je demandai au prince sa parole d'honneur qu'il ne quitterait pas l'hôtel, et il me la donna sans hésitation. Aussitôt je me rendis à la pharmacie où j'appris que le corps de Victor Noir venait d'être placé sur une civière et porté à Passy. Je retournai dans la maison du prince et, comme je lui adressais de nouvelles questions, il me dit : J'ai écrit, il y a quelques instants, sur cette feuille de papier, ce qui s'est passé ; je n'ai rien à y ajouter, ni rien à y retrancher. Vous pouvez lire.

Je pris copie très exactement et très fidèlement de cet écrit. Après quoi, il me dit qu'il tenait à être jugé le plus promptement possible et qu'il était prêt à me suivre partout où il me plairait de le conduire. Je fis approcher un fiacre où il monta avec moi et M. le docteur Morel. Nous nous rendîmes à la Préfecture de police où nous arrivâmes vers sept heures du soir. Je revins immédiatement à Auteuil, croyant continuer mon information, mais la présence de M. le juge d'instruction ne me laissait plus qu'à clore mon procès-verbal. Je rencontrai mon secrétaire qui me raconta les faits tels qu'il les avait entendus raconter par d'autres témoins.

M. le président. — Vous avez, dites-vous, copié l'écrit que le prince vous montrait ?

Le témoin. — Textuellement, M. le président dans mon procès-verbal de 10 janvier.

M. le président. — Le prince vous a bien dit qu'il

avait vu le pistolet aux mains de **M.** Fonvielle avant de tirer lui-même. ?

Le témoin. — Je crois bien me rappeler que le prince m'a dit ceci : qu'au moment où il venait d'être frappé et où il mettait la main dans sa poche il avait vu **M.** de Fonvielle tirer de sa poche une boîte à révolver.

M. le président. — Vous avez constaté le passage des balles sur les panneaux. Présentez au témoin les piéces à conviction.

Le témoin désigne un panneau où une balle a laissé sa trace ; de la elle a ricoché obliquement, de la direction de la porte de sortie à la direction de la porte du salon.

M. le président. — La prémière balle tirée sur **M.** Fonvielle dans le salon a traversé son paletot. Elle n'a pu être retrouvée, et ce qu'il y a de plus probable, c'est qu'elle est restée dans le paletot et qu'elle s'est perdue plus tard. Du reste ce sont des balles d'un fort petit calibre.

Maintenant, **M.** le commissaire de police, n'avez vous pas entendu des témoins qui auraient entendu de la bouche d'Ulric de Fonvielle lui-même que son ami avait donné un soufflet avant d'être frappé ?

Le témoin. — Je n'ai rien su personnellement; la première version qui m'a été faite à cet égard m'a été donnée par lettre, par un de mes collègues. Le secrètaire de ce commissaire de police m'a dit que **M.** de Fonvielle aurait dit : « Le prince a tué mon ami mais il a reçu un fameux soufflet. » C'est-à-dire qu'un témoin avait entendu ce propos.

M. le président. — C'est ainsi qu'on est arrivé au premier témoin auriculaire ; n'avez-vous pas entendu dire que l'on avait fait des menaces dans l'intérieur de la maison, et que l'on avait dû conduire les enfants dans un pavillon isolé ?

Le témoin. — J'ai interrogé les domestiques, le cocher, le palefrenier et la fille de chambre. Les deux premiers m'ont déclaré que quand Noir est tombé à la porte, il s'est produit à la porte une rumeur sérieuse, qu'on les avait menacés, appelés assassins ! Ils ont cru devoir fermer la porte, et les rumeurs sont devenues plus menaçantes après que le corps eût été porté à la pharmacie.

La fille de chambre ayant conduit les enfants dans un pavillon pour leur sûreté, les gens du dehors voulaient pénétrer par la rue Erlanger en cassant les barrières; on avait déjà pénétré dans un terrain sur lequel donnent les fenêtres; la fille de chambre avait éteint la lumière et s'était couché pour ne pas être exposée.

Me Floquet. — M. le commissaire de police se rappelle-t-il à quelle heure il a reçu la déclaration du prince?

Le témoin. — Je suis arrivé chez le prince à quatre heures et demie ; j'ai dû recevoir sa déclaration à cinq heure et demie.

Me Floquet. — M. le commissaire de police a-t-il copié la déclaration écrite par le prince ou s'il l'a emportée ?

Le témoin. — Je l'ai seulement copiée, mais textuellement.

Me Floquet. — M. de Grave a dans les mains la déclaration écrite de la main de l'accusé lui-même. Il y a entre celle-là et la copie du procès-verbal des différences notables.

Le témoin. — Je l'ai copiée textuellement, avec la plus scrupuleuse fidélité ; le prince lui-même l'a reconnu.

M. le président. — L'accusé sait-il ce que cette déclaration est devenue ?

L'accusé. — Je n'en sais absolument rien.

M. le président. — Avez-vous remarqué sur la joue du prince une trace de contusion ?

Le témoin. — M. le président, il était quatre heures

et demie, il faisait sombre, il faisait nuit ; le prince m'a bien fait signe qu'il avait là une trace de contusion; mais je n'ai pas vu de contusion ; je ne pouvais pas la voir, il faisait trop sombre à ce moment.

M. Anselme Lalmand, secrétaire du commissaire.

Le 10 janvier courant, à deux heures un quart de l'après-midi, je fus prévenu par M. Delaunay, inspecteur du marché d'Auteuil, qui vint en voiture au commissariat pour annoncer à M. le commissaire de police que le prince Pierre Bonaparte venait de tuer un homme chez lui d'un coup de pistolet, et que le cadavre avait été transporté chez M. Mortreux, pharmacien.

Sachant que M. le commissaire de police avait été appelé à la Préfecture de police vers midi, je le fis prévenir par le garçon de bureau et je me rendis chez le pharmacien.

Je trouvai, dans un petite pièce placée à gauche de la boutique, le corps d'un jeune homme paraissant âgé de vingt et un ans, brun, pâle et portant de petites moustaches noires.

Il était vêtu d'un pantalon foncé, d'une chemise en toile ouverte sur la poitrine et tachée de sang du côté gauche ; les mains étaient couvertes de gants noirs.

Je remarquai sur la poitrine, du côté gauche, un peu au dessus de la mamelle, un petit trou noir d'où s'échappaient quelques gouttes de sang et paraissant avoir été produit par une petite balle de pistolet.

Le docteur Pinel, que j'avais emmené avec moi, fut chargé d'examiner le cadavre et de procéder aux constatations médico-légales, il rédigea son procès-verbal qui fut envoyé à la Préfecture.

Je me fis représenter les vêtements de la victime.

On me remit un gilet en soie très ouvert et une petite redingote noire, enfin, un pantalon de drap foncé au côté gauche duquel je remarquai un trou qui avait traversé la doublure.

Voyant plusieurs personnes dans la pharmacie, je m'adressai à un monsieur qui écrivait sur le bureau du pharmacien et qui me dit être le sieur Paschal Grousset, âgé de vingt cinq ans, rédacteur du journal *la Marseillaise* et de *la Revanche*, journal démocratique de la Corse.

Il me fit connaître ce qui s'était passé en ces termes:

« J'avais chargé mes amis, Ulric de Fonvielle et Victor Noir, de se présenter chez le prince Pierre Bonaparte et de lui demander en mon nom une réparation pour une lettre injurieuse publiée par lui dans un numéro du journal *l'Avenir de la Corce*.

» Nous sommes arrivés chez le prince: ces deux messieurs sont descendus pour remettre au prince une lettre dans laquelle je faisais connaître l'objet de leur visite.

» Vingt minutes environ après, pendant que je promenais devant la porte, je vis sortir en trébuchant mon ami Victor Noir, que je reçus dans mes bras.

» Je constatai alors qu'il était blessé à la poitrine et je priai quelques passants de m'aider à le transporter chez le pharmacien.

» A ce moment, Ulric de Fonvielle sortit à son tour, il nous accompagna chez le pharmacien en criant à l'assassin. »

Une seconde personne était dans la pharmacie : je m'en rapprochai ; elle me dit qu'elle s'appelait Ulric de Fonvielle, rédacteur du journal *la Marseellaise*. Je lui demandait comment les faits s'étaient passés. Il me dit.

« Nous sommes arrivés aujourd'hui, MM. Paschal Grousset, Victor Noir et moi, chez le prince Pierre Bonaparte vers deux heures moins un quart environ.

» Nous étions chargés, Victor Noir et moi, de demander réparation au prince au nom de M. Paschal Grousset, à raison d'une lettre injurieuse publiée dans le journal *l'Avenir de la Corse.*

» Nous sommes entrés dans la maison, nous avons remis nos cartes à un demestique.

» On nous a fait entrer dans un petit salon. Nous avons traversé une salle d'armes et nous sommes entrés dans un grand salon.

» Quelques instants après le prince entra.

» Je lui tendis la lettre que m'avait remise M. Pascal Grousset. Le prince, après l'avoir lue, l'a froissé dans sa main.

« Il nous a dit alors. Je ne me battrai pas avec vous mais avec M. Rochefort, je ne connais ni ses sicaires, ni ses charognes.

» Le prince dit ensuite : « Etes-vous solidaires. » Victor Noir, alors, fit un pas et répondit : « Nous sommes solidaires des faits et gestes de nos amis.»

« De suite le prince a donné un soufflet de la main droite à Victor Noir en même temps qu'il tirait à bout portant un coup de pistolet de la main gauche.

» Victor Noir s'est élancé les bras en l'air vers la porte qu'il ouvrit et moi je me blotis derrière un fauteuil.

« Je tirai alors mon pistolet-revolver de la poche de mon poletot, et, au moment où je me lançais, le prince tira sur moi, la balle a traversé le collet de mon habit.

« Je me suis dirigé vers l'autre porte, et au moment ou j'allais sortir, le prince a tiré sur moi un second coup de pistolet, la balle ne m'a pas atteint.

« Je suis descendu, j'ai vu Victor Noir expirant et j'ai crié à l'assassin. »

D. Pouvez-vous indiquer au moins approximative-le temps qui s'était écoulé entre le moment où Victor

Noir a été frappé et celui où vous avez reçu le récit du sieur de Fonvielle, que vous venez de rappeler. — R. Trois quart d'heure au moins Je calcule ce temps de la manière suivante: un quart d'heure pour venir me prévenir, un quart d'heure pour revenir chez le pharmacien, et un quart d'heure pour faire les constatations chez le pharmacien et pour avoir ma conversation, soit avec le docteur Pinel, soit avec M. Paschal Grousset.

Le témoin continue :

Après avoir attendu jusqu'à quatre heures environ, voyant une foule assez nombreuse devant la boutique du pharmacien, j'ai pris sur moi de faire transporter cadavre à Neuilly.

Pour cela, je le fis mettre sur un brancard; je fis venir une voiture, et dans cette voiture, montèrent MM. Paschal Grousset, de Fonvielle, le docteur Pinel, et, au moment où j'allais y monter, un facteur de la poste d'Auteuil, nommé Roustan, me remit un revolver à six coups, avec crosse en ivoire, canon et tambour en acier damasquiné d'argent.

Le facteur me dit alors que ce revolver lui avait été remis par de Fonvielle sortant de chez le prince.

Ce pistolet avait été chargé de six coups et il était facile de voir qu'il n'avait pas été tiré.

Je demandai alors à M. Fonvielle si ce pistolet lui appartenait, il me répondit affirmativement.

Je lui demandai alors comment il était porteur de cette arme, il me répondit qu'il avait toujours un revolver sur lui.

Je montai en voiture, je pris place en face de M. Paschal Grousset, a coté du docteur Pinel.

Pendant le trajet. Je vis des traces de sang sur un foulard blanc que M. de Fonvielle avait autour du cou lui demandant d'où provenait ces taches, il me dit qu'il n'était pas blessé; en parlant, il me montrait sa main droite.

Je remarquai au pouce, entre la première et la seconde phalange, à l'étournure de la main, une écorchure sanguinolente. Je lui demandai d'où provenait cette blessure; il me dit que c'était en essayant d'armer son pistolet.

On fait passer sous les yeux de MM. les jurés le révolver de M. Ulric de Fonvielle.

Ulric de Fonvielle, rédacteur de la *Marseillaise*. — Je dois remonter à la veille du dimanche. Mon ami et collègue Grousset m'avait prié de lui servir de témoin, il avait reçu une lettre de Corse avec mandat de représenter la *Revanche*, dont Grousset était collabora-borateur, qui contenait de graves insultes adressées par Pierre Bonaparte. J'acceptai la mission. Le soir, j'en causai rvec Rochefort; il paraissait étonné de cette détermination, il manifesta l'intention d'empêcher cette rencontre.

Aussi, le lendemain matin, nous étions convenus avec Noir que j'écrirais à Groussetpourqu'ileût une entrevue avec Rochefort. Nous étions convenus d'aller à uneheure au bureau du journal J'y allai, j'y trouvai Grousset; je lui dis : Rochefort veut se battre avec Pierre Bonaparte « Nous montâmes en voiture, nous partîmes pour Auteil. Si je vous ai dit tont ceci, c'est pour vous prouver qu'à une heure la chose n'était pas encore décidée.

D. Quelle chose?—R Je veux dire que nous pensions nous dispenser d'aller à Auteuil, rien n'était résoln ; nous partîmes et nous nous acheminâmes vers Auteuil.

Quelques minutes avant Auteuil, nous rencontrâmes Sauton. Victor Noir nous dit: « Voilà Sauton, » et nous arrivâmes au n° 59 de la rue d'Auteuil. Nous nous dirigeâmes vers l'intérieur de la maison , nous rencontrâmes deux hommes , deux domestiques , ils nous demandèrent qui il fallait annoncer ; nous tirâmes nos cartes et les remîmes à l'un de ces deux hommes qui disparut; l'autre nous fit entrer dans une sorte de parloir, nous attendîmes deux ou trois minutes , on nous dit : voulez-vous monter au premier ?

On nous fit traverser une salle d'armes et on nous introduisit dans un salon, nous restâmes huit à dix minutes Nous entendîmes la porte s'ouvrir et nous vîmes entrer Pierre Bonaparte ; il marcha vers nous les mains dans ses poches. « Monsieur, lui dis-je en lui tendant une lettre, nous venons de la part d'un de nos amis remplir une mission. » Pierre Bonaparte reprit : « Vous ne venez donc pas de la part de Rochefort, vous n'êtes donc pas de ses manœuvres ?

Pierre Bonaparte s'avança vers la fenêtre et lut cette lettre ; quand il l'eut lue, il la froissa d'une main fébrile et la laissa tomber, et s'avança vers moi en disant : « J'ai provoqué Rochefort parce que c'est le porte drapeau, quant à Grousset je n'ai rien à faire avec lui Il dit à Noir : « Etes-vous solidaires de ces charognes ? » « Nous sommes solidaires de nos amis, » dit Noir.

A cet instant, Pierre Bonaparte donna un soufflet à Noir, et se reculant il fit feu sur mon ami. Victor Noir frappé ouvrit la porte et disparut.

Je compris que ma vie était menacée, car je vis le pistolet de cet homme se tourner vers moi ; alors je plongeai ma main dans mon pantalon et je me rejetai à droite ; là je reçus un coup de feu.

Je saisis l'étui de mon révolver , Bonaparte se dirigea vers la porte et la ferma, il revint sur moi, j'avais pris un fauteuil, je m'en fis un abri, et c'est à ce moment que je parvins à sortir mon révolver de son étui et je m'élançai dans la salle de billard ; là, je reçus un deuxième coup de feu. J'ouvris la porte d'un petit escalier et sur le trottoir je trouvai mon pauvre ami Victor Noir expirant ; mon exaltation tomba à ce moment et je remis mon pistolet à un homme qui était là , et le corps de mon ami fut porté chez un pharmacien.

Si vous le permettez, je dirai à la Cour la disposition d'esprit dans laquelle Noir était en entrant chez Pierre Bonaparte.

C'était la première fois de sa vie qu'il assistait à une affaire d'honneur. Il s'était habillé en grande tenue ; il avait mis des gants ; il était joyeux comme toujours ; mais ayant conscience de sa mission, il disait : « Il faut que je leur montre ce que c'est des gentilshommes à ces Bonaparte. » (Mouvement). Il était très gentil, très calme

D. Il y avait une grande irritation entre le prince Pierre, l'accusé, et Grousset ; pourquoi avez-vous été chez le prince, au lieu d'y envoyer des témoins ? Pourquoi aussi étiez-vous armé, vous pensiez dont être attaqué ? R. J'ai toujours pensé que je recevrais quelques outrages ; mais je ne croyais pas que je trouverais un assassin.

L'accusé. — C'est bien à vous de parler d'assassin, rappelez-vous les bombes d'Orsini, assassin vous-même

D., au témoin. — Pourquoi avoir sur vous ce pistolet ? — Si je n'avais pas eu un pistolet, je ne serais pas ici pour dire la vérité ; je ne serais pas ici. Je n'avais certainement pas oublié qu'un duc avait fait bâtonner M. Comté par ses domestiques.

D. Si vous supposiez quelque danger en allant chez le prince, pourquoi y aller, pourquoi ne pas y envoyer des témoins ? — R. Nous y étions comme témoins ; si j'avais un pistolet dans ma poche, c'est que j'étais toujours armé lorsque j'étais chez moi, ce qui est bien plus grave. Si je n'avais pas été armé, je ne serais pas ici.

M. le président. — C'est possible, mais il ne fallait pas y aller, alors. L'Amérique peut nous avoir donné de très bonnes choses, mais il ne faut pas lui emprunter le révolver.

Sur la demande de Me Leroux, défenseur de l'accusé il est donné lecture des dépositions de M. Fonvielle. La première est ainsi conçue :

J'ai été chargé, avec mon camarade Victor Noir, par Paschal Grousset, journaliste, notre ami commun, de faire connaître au prince Bonaparte, que nous étions chargés de lui demander une réparation par les armes, Grousset se prétendant grossièrement insulté par lui.

Nous nous sommes trouvés ce matin, Noir, Grousset et moi, réunis au journal *la Marseillaise.*

Noir avait une voiture de place dont je ne me rappelle pas le numéro.

Nous somme parvenus au journal *la Marseillaise,* vers une heure, nous sommes allés directement à Auteuil, je ne me rappelle pas bien le chemin que nous avons pris, il me semble que nous avons passé le long de la Seine et devant le Trocadero.

Peu de temps avant notre arrivée à Auteuil, à un endroit que je ne pourrais préciser, Noir a appelé Sauton qui est monté en voiture avec nous

A notre arrivée devant la maison du prince, nous sommes descendus tous les quatre, nous avons gardé notre voiture.

Grousset et Sauton sont restés à se promener devant la maison. Noir et moi sommes entrés, nous avons parlé à deux domestiques, demandant si le prince était chez lui; on nous a répondu que oui, après nous avoir demandé qui nous étions.

Nous avons remis nos cartes; quelques instants après on nous a fait entrer dans une pièce au premier étage qui est, je crois, un grand salon.

Nous nous sommes assis en attendant.

Peut d'instants après , peut-être six minutes , le prince est sorti d'une chambre voisine, il était en pantalon ample et en tenue d'intérieur.

« Monsieur, lui dis-je, mon ami Victor Noir et moi, nous venons de la part de M. Paschal Grousset remplir une mission que cette lettre vous expliquera. »

En même temps je lui ai tendu la lettre que vous me représentez et que je consens à signer *ne varietur*.

Le prince prit la lettre et me répondit : « Vous ne venez donc pas de la part de Rochefort, vous n'êtes donc pas ses manœuvres. »

Veuillez lire la lettre, monsieur, et vous verrez qu'il ne s'agit pas de M. Rochefort.

Il prit la lettre , s'approcha d'une fenêtre et la lut ; puis, la pliant en deux , il la jeta sur une chaise et s'avança vers nous.

J'ai provoqué M. Rochefort , dit-il , parce que M. Rochefort est le porte-drapeau de la crapule ; quant à M. Grousset , je n'ai rien à lui répondre. Est-ce que vous êtes solidaires de ces misérables ?

Monsieur, lui répondis-je, nous venons loyalement , courtoisement, vous demander une réponse.

Etes-vous solidaires de ces gens-là ? répondit-il.

Victor Noir répondit : « Nous sommes solidaires de nos amis. »

Le prince donna un soufflet à Victor Noir , fit un deux pas en arrière , tira brusquement un revolver de sa poche , dans laquelle était plongée sa main , et fit feu sur Noir.

Ce dernier porta ses mains à sa poitrine et sortit par la porte par laquelle nous étions entrés.

Aussitôt le prince dirigea son pistolet sur moi et fit feu une deuxième fois pendant que je cherchais à prendre mon pistolet, qui se trouvait dans un étui dans la poche de mon paletot.

Le prince se mit devant la porte en me visant, déchargea une troisième fois son arme, et je sortis en criant : « A l'assassin ! »

Je traversai plusieurs pièces. Je descendis l'escalier par lequel nous étions montés et je trouvai sur le trottoir Noir expirant.

Nous le transportâmes chez un pharmacien, mais tous les soins furent inutiles, il rendit le dernier soupir en arrivant.

Je désire que vous entendiez les docteurs Pinel et Samezeuil qui ont assisté Noir à ses derniers moments et qui pourront vous donner des indications sur la blessure qu'il a reçue.

J'ajoute sur votre demande que j'ignore si Noir avait un pistolet sur lui, dans tous les cas je ne l'ai pas vu en faire usage.

J'étais porteur d'un pistolet renfermé dans un étui dont je n'ai pas fait usage en ce sens que je n'ai pas tiré.

Ce pistolet était chargé, je le porte constamment sur moi.

J'étais également porteur d'une canne à stylet, mais je n'ai pas dégaîné.

J'ai laissé cette canne avec mon chapeau dans le salon du prince.

D. Dans votre système, le prince aurait le premier commencé les voies de fait en donnant un soufflet. Le récit du prince est en contradiction formelle avec le vôtre sur ce point.

Il appuie sa version qu'il aurait été frappé le premier par Noir par une constatation qui aurait été faite immédiatement par deux médecins.

D. Persistez-vous dans votre dire ? — R. Ma version est l'expression de la vérité.

Nous, juge d'instruction , saisissons et plaçons sous scellé, comme pièce à conviction , avec étiquette indicative que nous signons avec le témoin, le paletot dont dont il était revêtu et qui est déchiré a deux endroits de l'épaule gauche par la perforation d'une ou deux balles.

Après cette déposition qui est la plus importante du procès est venu celles des autres témoins, puis ensuite les plaidoieries qui ont occupé trois audiences et l'affaire s'est terminée dans la séance du dimanche 27 mars, en voici le résultat.

Audience du 27 mars 1870.

L'audience est ouverte à midi dix minutes.

L'accusé.— MM. les hauts jurés, parmi les calomnies de l'ignoble *Marseillaise*, il en est une à laquelle il n'a pas été catégoriquement répondu.

Il n'est pas vrai que j'aie blessé qui que ce soit en Amérique. L'incident auquel on a fait allusion s'est passé en présence de mon cousin, aujourd'hui empereur des Français, et il attesterait au besoin que ni lui, ni moi, nous n'avons subi un emprisonnement.

J'aurais bien d'autres choses à ajouter, mais ce serait dans un ordre d'idées concernant la politique en général. Ma situation de famille et mes sentiments s'y opposent; la défense a déjà effleuré ce point, mais quant à moi, je ne puis à présent le développer davantage.

Par la calomnie absurde dont je viens de parler tout à l'heure, vous pouvez juger des autres, qu'on sache seulement que si je ne parle pas davantage, ce n'est ni par ineptie ni par crainte, car ma conscience est tranquille.

On a dit aussi que deux cent mille personnes, — il m'est avis qu'il faut en rabattre, — assistaient au convoi de Victor Noir, eh bien, je dois constater que de ces deux cent mille personnes, les neuf dixièmes au moins étaient des curieux. La population parisienne a trop de bon sens pour qu'il en soit autrement; du reste je ne loue pas ces curieux d'avoir grossi ces rassemblements.

MM. les hauts jurés, permettez-moi de vous assurer encore une fois, dans cette circonstance solennelle, que je n'ai dit que la vérité, rien que la vérité, jamais je ne m'en suis départi d'une seule ligne, car je n'ai affirmé que les particularités dont j'étais absolument sûr; maintenant, messieurs, le haut jury appréciera. (Un très petit nombre de personnes font entendre des applaudissements).

M. le président.— Huissier, veillez à ce que personne dans la salle ne donne des signes d'approbation ou d'improbation.

Le président résume ensuite en ces termes ces longs débats :

Messieurs les hauts jurés, la loi nous impose de résumer cette affaire devant vous. Je dois appeler votre attention sur les propos tenus dans ces audiences, les moyens de la défense ; il est vrai que l'attention religieuse que vous avez apportée à ces débats suppléerait seule à ce résumé presque inutile ; mais il permettra aux passions ardentes qui se trouvent réunies dans cette salle, de se calmer, et vous donnera la latitude de vous recueillir en vous-mêmes pour rendre votre verdict.

Nous ne rentrerons pas dans le récit des faits que vous connaissez déjà, cependant permettez-moi de vous rappeler en quelques mots les différents systèmes qui ont été exposés devant vous, les points de vue principaux des adversaires, cela vous servira de point de départ pour l'examen des questions que vous aurez à résoudre.

Vous savez que le 10 janvier, quatre personnes descendaient à Auteuil, vers une heure et demie de l'après-midi, dans une voiture de place.

C'étaient des journalistes, Paschal Grousset, Sauton, Victor Noir et Ulric de Fonvielle.

Quel motif les amenait à Auteuil ? M. Paschal Grousset prétendait avoir été injurié dans un article de journal signé par l'accusé; il voulait obtenir une réparation, et il avait choisi, pour lui servir de témoins, Victor

Noir et M. de Fonvielle. Ces deux témoins entraient dans la maison, et pendant ce temps Paschal Grousset et Sauton restaient à la porte, établissant ainsi une sorte de croisière dans la rue.

Peu d'instants après, on vit apparaître Victor Noir, pâle, se soutenant à peine, et tombant pour ne plus se relever; il avait la poitrine percée par une balle. Presque au même moment, M. de Fonvielle sortait de la maison ; il paraissait très ému, il avait les cheveux en désordre, et criait : « A l'assassin !

Que s'était-il passé à l'intérieur de cette maison ? Comment ce meurtre et cette tentative de meurtre s'étaient elles accomplies, qu'elles en étaient les circonstances ?

Cela est assez difficile à savoir, car des trois personnes qui devaient figurer dans cette scène, l'une d'elles, Victor Noir, n'existait plus, quant aux deux autres elles étaient dans une position qui rendait leur déposition on ne peut pas plus suspecte, et en effet, elles faisaient des récits contradictoires.

Le prince reconnait bien avoir tiré trois coups de feu mais il prétendait ne l'avoir fait que dans un état de légitime défense.

M. de Fonvielle, prétendait que les choses s'étaient passées autrement, qu'ils s'étaient présentés très poliment chez le prince, que celui-ci les avait grossièrement insultés, et que, sans provocation aucune, il avait tiré sur eux et tué Victor Noir.

Ce double récit présenté à la justice, lui imposa le devoir de conduire l'instruction avec un soin extrême, et cette mission fut confié à un magistrat d'un mérite éminent et d'une grande expérience. Tous les témoins entendus dans ces dernières audiences, n'ont fait que répéter ce qu'ils avaient déjà dit dans les dépositions entendues dans le cours de l'instruction.

En ce moment, les positions respectives des parties se dessinent très nettement devant vous. La partie civile dénie énergiquement toute provocation de sa part et elle dénie en même temps le cas de légitime défense pour l'accusé.

Le procureur impérial, avec une impartialité manifeste, reconnaît la provocation de la part de la partie civile, mais il n'admet que la légitime défense pour l'accusé, et en même temps, il déclare que la provocation ne peut pas soustraire l'accusé de la peine qu'il a méritée, parce qu'il n'était pas dans le cas de légitime défense, quoiqu'en dise la défense qui prétend que l'accusé n'a fait que se défendre d'une agression qui mettait ses jours en péril.

L'examen de ces trois systèmes qui ont été présentés devant vous, aboutit à l'examen de ces deux questions. Y a-t-il provocation? Y a-t-il eu légitime défense? Examinons d'abord avec impartialité la thèse soutenue par la partie civile.

M. le président passe rapidement en revue et sans appréciation aucune les dépositions des divers témoins, et, ajoute-t-il, parmi ces témoignages , beaucoup sont révoqués, peut-être à tort, par la partie civile, mais elle a beaucoup insisté sur ce qu'elle appelle les témoins muets, c'est à dire le chapeau, les gants, et le paletot.

Il est à regretter qu'elle se soit laissé aller à de malheureux mouvements de colère contre l'accusé ; et j'ai eu la douleur, en présence de ces attaques contre le prince , d'être obligé d'intervenir pour la rappeler au respect dû à tout accusé.

Voilà quelles ont été les explications présentées au nom de la partie civile. On a dit aussi que le coup n'aurait pas été donné; à ce sujet je me bornerai à vous rappeler la parole éloquente et impartiale de M. le procureur général , je ne veux pas vous reproduire ses arguments, mais, comme il le dit, sur ce point deux versions se sont produites, et il est impossible de supposer qu'une personne complaisante ait pu se prêter à une pareille supercherie.

M. le procureur général vous a dit que de ces deux versions produites sur les événements du 10 janvier, ni l'une, ni l'autre ne devait inspirer une confiance entière. Le prince est accusé, et c'est déjà une cruelle expiation pour lui que de ne pouvoir pas imposer sa déclaration comme irrécusable.

M. de Fonvielle est animé contre le prince d'une haine ardente, et vous savez quels cris se sont fait entendre ces jours derniers, c'est donc un ennemi, non un témoin, il est loyal certainement, mais malgré lui, il doit interpréter les faits en faveur de son ami, la victime du 10 janvier.

Mais, dit M. le procureur général, le prince a été provoqué. Oui il a été provoqué, il a reçu un outrage, mais sa vie n'était pas en danger, il n'était pas placé dans le cas de légitime défense, ce cas n'existe pas pour lui.

- Il y a eu provocation, mais pourqu'il n'y ait pas une condamnation sévère, il ne faut pas qu'il y ait eu violation de ce principe sacré qui protége l'existence humaine, et pour que ce principe soit franchi, il faut que la vie soit menacée. La provocation peut atténuer la peine, mais jamais elle n'a amené l'impunité.

Sur ce point, M. le procureur général, avec la plus grande loyauté, n'a pas hésité un seul instant, il vous a dit qu'il y avait eu provocation de la part de la partie civile, mais aussi qu'il n'y avait pas eu légitime défense pour l'accusé, et il a requis l'application de la loi. Il vous a fait ressortir cette conclusion de tous les témoignages que vous avez entendus.

En effet, il est bien difficile de dénier la véracité de tous les témoins qui ont été entendus dans ces débats le soufflet a bien été donné par M. Victor Noir, car comment admettre que tant de témoins se soient entendus préalablement pour forfaire à leur conscience?

La version du prince est vraisemblable, celle de M. de Fonvielle est inadmissible. Seulement le prince n'a cédé qu'a un mouvement de vengeance, il n'a songé qu'à venger son honneur outragé, et quand il a frappé à mort Victor Noir, il ne se défendait pas, la loi ne le reconnaît pas en ce moment à l'état de légitime défense.

Quant à Fonvielle, il n'a jamais eu l'intention de menacer le prince, il n'a fait que se soustraire à sa poursuite, et quand il s'est armé, il n'avait aucune intention de se servir de son arme. Evidemment quand il a vu tomber son ami, il a compris le danger, il s'est réfugié derrière un fauteuil, il a essayé d'armer son pistolet, mais il n'est pas croyable qu'il ait tiré son pistolet pendant que le prince visait Victor Noir. Il n'a fait que se dérober aux coups du prince qui le poursuivait pour le déloger, suivant l'expression de celui-ci.

D'un autre côté, il n'est pas possible que le prince ayant son pistolet dans sa poche, ait pu croire un seul instant sa vie en danger; son adversaire n'a pas tiré sur lui, il a fui, il n'a fait que se dérober à ses attaques, et jamais il n'a pris une attitude offensive envers le prince.

Le ministère public dit donc que dans cette affaire, il y avait bien provocation, mais non un danger réel pour l'accusé, et même dans le cas d'une provocation à domicile, on ne peut admettre ce cas de légitime défense. Les susceptibilités du point d'honneur ne peuvent donc trouver leur place ici; et la loi a réglé les conditions dans lesquelles la vie humaine est en danger et de même qu'elle a réglé les lois pour la défense, elle a fixé les lois pour la réparation.

Les défenseurs de l'accusé prenant ensuite la parole après l'éloquent réquisitoire de M. le procureur général, après ce réquisitoire si grave, si sincère, se sont tenus loin de toutes les exagérations dont vous avez été témoins. Ils se sont attachés à repousser l'ardeur des attaques de la partie civile dans les différentes accusations portées contre le prince. Ils ont montré le caractère véritable de Victor Noir et de Fonvielle, ils vous ont montré le véritable but de cette visite, et ils ont conclu que l'on voulait insulter le prince comme on avait été insulter chez lui l'imprimeur Rochette.

Je remets donc maintenant entre vos mains, MM. les hauts jurés, le jugement de cette difficile affaire, difficile à élucider au milieu de ces passions ardentes qui remplissent cette atmosphère, à vous maintenant, messieurs, de remplir cette mission, et je suis convaincu que vous la remplirez, dégagés de toutes préoccupations extérieures.

Vous avez à répondre sur les questions suivantes :

Pierre Bonapart est-il coupable d'avoir, le 10 janvier 1870, à Auteuil près Paris, commis un homicide volontaire sur la personne de Victor Noir?

Cet homicide volontaire a-t-il été suivi d'une tentative d'homicide volontaire sur la personne de Ulric de Fonvielle, tentative ci-dessous spécifiée?

Questions résultant des débats :

Premier fait.— Pierre Bonaparte a-t-il été provoqué à un homicide volontaire par des coups ou violences graves envers sa personne ?

Pierre Bonaparte est-il coupable d'avoir, le même jour, à la même heure et dans le même lieu à Auteuil, commis sur la personne de Fonvielle une tentative d'homicide volontaire, laquelle tentative, manifestée par un commencement d'exécution, n'a manqué son effet que par suite de circonstances indépendantes de la volonté de son auteur ?

Deuxième fait. — Ladite tentative a-t-elle été précédée de provocations ?

Pierre Bonaparte a-t-il été provoqué par des coups et violences graves envers sa personne ?

Pour la question de provocation nous vous devons une explication. Cette question si vous la résolvez par la négative, ce serait un résultat contraire à l'accusé, et par suite il faudrait que cette détermination soit prise à la majorité de vingt voix.

Si vous écartiez la question de provocation, si vous prononciez qu'il n'y a pas eu de provocation, il n'y a pas à exprimer de majorité. Vous dites simplement « : Il n'y a pas eu provocation. »

Pour la légitime défense, comme l'état de la légitime défense enlève la culpabilité, et que vous êtes interrogés uniquement sur la question de culpabilité, vous résoudrez en même temps la question de légitime défense.

Le haut jury entre en délibération à une heure un quart.

Les questions posées au haut jury sont les suivantes:

Première question.

Le prince Pierre Bonaparte est-il coupable d'avoir commis en janvier 1870, à Auteuil, un homicide volontaire sur la personne de Victor-Salmon Noir?

Deuxième question.

Cet homicide a-t-il été accompagné d'une tentative de meurtre ci-dessous spécifiée ?

Troisième question.

Le prince Pierre Bonaparte a-t-il été provoqué à commettre cet homicide par des coups et des violences de la part de Victor Noir ?

Quatrième question.

Le même prince a-t-il commis une tentative de meurtre sur M. Ulric de Fonvielle, laquelle n'a manqué son effet que par une circonstance indépendante de la volonté ?

Cinquième question

Cette tentative a-t-elle été accompagnée du meurtre ci-dessus spécifié?

Sixième question

Le prince Pierre Bonaparte a-t-il été provoqué à commettre cette tentative par des coups ou violences sur sa personne par M. de Fonvielle ?

A trois heures moins cinq minutes, la cour entre en séance et le président recommande à l'auditoire de s'abstenir de toute marque d'approbation ou d'improbation.

Le chef du jury se lève et prononce les paroles suivantes:

Sur mon honneur et ma conscience, devant Dieu et devant les hommes, la déclaration du haut jury est :

Sur la première question, non !

Sur la quatrième question, non !

Le président. — Au nom de la cour, nous président :

Attendu que l'accusé n'est pas coupable des faits qui lui sont imputés, le déclarons acquitté, et ordonnons qu'il soit mis immédiatement en liberté s'il n'est détenu pour autre cause.

Me Laurier. — Messieurs de la haute cour, au nom

de Louis Noir, partie civile, j'ai l'honneur de déposer des conclusions tendant à des dommages intérêts, je demande les dépens.

Mᵉ Bernheim, au nom de M. et Mme Salmon dépose des conclusions tendant à obtenir 100,000 fr. de dommages intérêts.

L'accusé. — Monsieur le procureur général suis-je libre ou non, et puis-je me retirer?

Le procureur général. — Non! et vous ne devez sortir de l'audience avant que je n'ai délivré l'ordre de mise en liberté.

Mᵉ Leroux. — Nous demandons une suspension d'audience pour répondre à la demande en dommages intérêts.

Le président. — L'audience est suspendue pendant une demi-heure.

La cour rentre en séance à deux heures et quart.

Mᵉ Salomon, avoué à Tours, se présente au nom de l'accusé et pose des conclusions qui repoussent celles qui ont été prises par la partie civile, attendu qu'il a été l'objet des plus vives attaques de la part de la famille Noir. L'accusé offre, en outre, de donner une somme de 20,000 fr. pour les pauvres de Tours.

Le substitut du procureur général. — Le ministère public n'a pas à intervenir dans ce débat parce que, s'il fallait dicuter les principes de droit dont on vient de vous donner lecture, il ne serait pas difficile de montrer à la cour que ces principes ne sont peut-être pas ceux qui doivent être appliqués en cette affaire.

Avec la jurisprudence, il serait facile d'établir que même lorsque l'accusé a été acquitté, il ne faut pas tirer du verdict rendu par le haut jury la conséquence qu'on a voulu en tirer au nom du prince.

Que le prince soit acquitté, il restera toujours debout le fait matériel dont il sera responsable. Le prince a donné la mort à Victor Noir par son fait. La famille Noir a été privée peut-être du seul soutien sur lequel elle pouvait compter, et le prince doit être responsable du fait qu'il a commis.

C'est sous le bénéfice de ces observations que nous nous en rapportons à votre sagesse pour statuer sur ce point.

La cour se retire pour en délibérer, et, au bout de trois quarts d'heure, elle revient avec un arrêt qui condamne l'accusé à payer aux époux Salmon la somme de 25,000 fr. ; condamne les époux Salmon aux frais de l'instance criminelle, et l'accusé aux frais de l'instance civile.

DOUAI. — IMPRIMERIE L. CRÉPIN, 23, RUE DE LA MADELEINE.

www.ingramcontent.com/pod-product-compliance
Ingram Content Group UK Ltd.
Pitfield, Milton Keynes, MK11 3LW, UK
UKHW021144140726
13695UKWH00005B/1942